I0359693

寫在信仰荊途上

潘國鍵著

BA, DipEd, MA, MPhil, MEd, PhD

The SenSeis

Second Edition
Feb 2019

Published by
The SenSeis 尚尚齋
Toronto
Canada
www.thesenseis.com
publishing@thesenseis.com

ISBN 978-1-989485-01-9

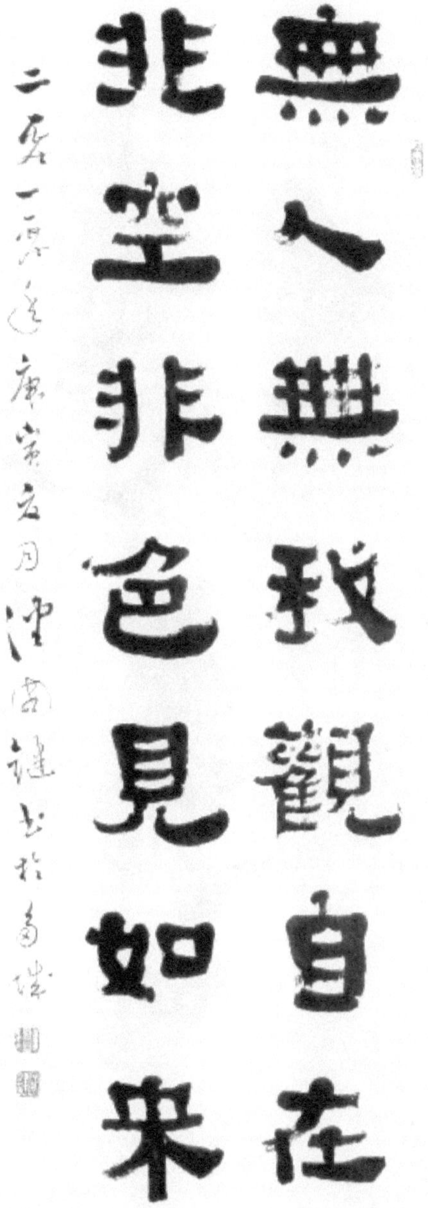
無人無我觀自在
非空非色見如來

隨喜

寫在信仰荊途上
目錄

自序：　似懂非懂

拙書純供消閒，殊非嚴肅之宗教讀物。它僅如實紀錄國鍵半生宗教信仰個人的所見所感。由於不是宗哲專家，所思所想也不是從神學觀點出發，而對儒家、佛教和天主教的認識也不算深，難免瞎子摸象，陋儒狹見。然而，作爲中國知識份子，面對傳統文化與歐西之物，相信有責任以一己皮毛之所得，獻曝有情。見笑大德，理所當然也。

國鍵年屆耳順，惟宗教探索顛簸之路尚未完結。受洗做了天主教徒，也不代表從此便是心安理得。教內對部份教義的闡析和實踐，殊不一致。是以戒慎之心，未嘗稍減。

天主教之在中國，中梵關係固是難關。其教理之誇讚瑪利亞，亦頗易被人曲解，並發而爲個別教友近乎迷信的言行。這對教外愛好理性思辯的中國知識份子來說，同樣是一重未易克服的困難。

吾生也有涯，而知也無涯。自以爲已經懂得了的，豈知其實還未曾懂；原以爲可以了斷的，豈知仍未能斷。今國鍵亦儒亦佛亦天主，難保前面拐一個彎，竟又別番景象：或步馬丁路德的後塵；或效明末清初八大山人朱耷晚年之亦佛亦道終歸儒；又或隨宋人蘇軾之老皈佛門，從此六根清淨，亦未可知也。但求上主眷顧垂憐，早日賜我內心至善的安寧。我罪，我序。

二零零九年春三月修訂畢功眇人潘國鍵復識於如心齋寓。

寫在信仰荆途上

孰主蒼生幼欲知，
儒仁佛淨壯圖治；
秋來悟覺天恩在，
寄覓耶穌老拙師。　——潘國鍵《信仰荆途》

第一章　孰主蒼生幼欲知

第一節　信和信仰

什麼叫做信仰？「信」，祇是相信。「信仰」則是相信和欽仰。它包含着生命的某種價值觀，帶有追隨皈依、身體力行、樂此不疲的實在意義。

儒家「仁義」，佛門「慈悲喜捨」，基督教「信望愛」以「愛」爲最大，說的全都是實踐的工夫。亦即不力行無以成信仰。

所以，信有神、信無神、信有佛可成、信無佛可致、信有救世主基督、信沒有救世主基督，若沒拿它作爲個人生命的方向、個人行爲的依循，那都不算是信仰，而祇能算是信。

在人世間，除了金錢、權位較容易成爲大多數人的共同「信仰」之外，其餘如佛教、基督新教、天主教，儒學等等，人們大多其實祇得個知而不行的信字。

所以說，若有人問我有沒有宗教信仰，很對不起，到了今天，年屆六十且幾全白了頭的我，可能還是沒有的。在宗教信仰這問題上，我仍停留在探索的路途上。且一步一艱難，也實在沒有披荆斬棘的本事。

第二節　奇妙主恩

人生路似乎比生命本身更爲複雜，禍福無常。論實，人生道路上何者爲禍何者爲福，有時也不易說得清楚。一九四九年國鍵在廣州出生，六歲時在廣州某小學唸一年級。可能是傻頭傻腦的關係，頗得老師喜愛，當上了「紅領巾」的小頭目。可歎的是，在政府發動「除三害」（好像是消滅老鼠、麻雀、蟑螂之類）全市鬧哄哄說都要除害之際，國鍵不幸也成了三害之一，在學校的梯間，給暗伏在角落的頑童用「彈叉」射出的小石子擊中了左眼。醫生說廣州的醫療儀器在治眼創傷幫不上什麼忙，結果國鍵祇能呆躺在床舖上，糊裏糊塗地熬了好幾個月。

在廣州沒法子醫，前往香港聽說還會有一絲希望。就是這個原因，我家竟然取得了離開中國移居香港的許可證。也就是我的不幸，換來了全家免受五七年的「反右運動」、五八年的「大躍進」和六六年的「文化大革命」的大災難之苦。以我家祖業中藥頗蓄財富的資產階級背景，加上先父黃埔軍校出身當過國民黨軍官，又曾開設「交響樂團」推介西洋古典音樂做「帝國主義走狗」，我家能够在這幾場政治運動大風暴裏面可免於難，機會相信是零。事實是，國鍵左眼尚未蒙難之前，先父已頻頻給公安召往問話，也曾經給折磨了一段短日子。

禍兮福之所伏。冥冥之中，原來天主有祂的安排。

第三節　我信，且由孩提時說起

一九五七年，國鍵移居香港後，有兩三年是在澳門度過，卜居草堆街。五零年代末的澳門，當然沒有今天的繁鬧。炎夏之月，夜涼如水，空漆似夢。

某年某月夏夜，在門前忽爾翹首夜空，繁星眨閃，除了想起七夕牛郎織女和中秋好吃的月餅之外，才不過十歲的我，竟也想起了無垠星空，究從何來？是夜最震撼的經歷，是斗大的一顆外表佈滿菱角的圓狀物體，在頭頂橫空倏然掠過。大概是一枚衛星吧。可從此我就相信，宇宙間有一種超凡的力量，它天天在玩把戲。當時在澳門街慈幼小學唸書，神父們教我天主創造萬物的真理。這個「它」，不期然就成了個「祂」。

第四節　由天父到上帝

一九六一年國鍵在澳門慈幼小學畢業，因爲一家遷回香港的原故，在香港剛開校的中華基督教青年會中文中學升讀中學。家父則在該校當書記。新建的青年會中文中學在何世明牧師的帶領下，孕育的是他老人家那一套儒學與基督教通貫融和。平日談忠論孝之外，每天早課周會上，例說的是上帝上帝再上帝、基督基督復基督。此時國鍵心中的天主，漸化而爲克己復禮的上帝。「非以役人，乃役於人」，做個好人之外，更要做「基督的精兵」。斯時基督信仰在國鍵來說，祇是一種理想，一項儀禮。雖則每年十二月耶誕節站在學校大堂巨型的聖誕樹前，見那小彩燈們眨呀眨的，細聽柔和的樂聲「平安夜」、「聖母頌」，確有着一種十分奇妙的平安的感覺。

可惜，學校畢竟是個考試的殺戮戰場。安寧的良好感覺總不會持久。耶誕過後，農曆新年前的期考，有的大多祇是殺殺殺。耶穌基督之所謂「愛」，所謂「堅忍仁慈，包容一切」（哥 13:4），在現實生活上不外是句空話。

對敵人仁慈，就是對自己殘忍。在會考試場上打倒對方，戰勝他校，似乎才是一校的共同信念。學校對成績不逮的學生，倒不見得會仁慈到哪裏去哩。

第五節　上帝走了樣

「非以役人，乃役於人」。耶穌講的，是無私的大愛。可這種天主的大愛，一到了人間，通常就會走了樣。

何世明牧師天天講耶穌基督的愛。然而，在青年會中文中學的現實校政之中，論愛就不免有時令人遺憾。儒家那種「有教無類」的精神固然未甚貫徹，學校銳意推行「精英班」和「重理輕文」的政策，若以基督愛的精神檢而視之，同樣難以稱得上是及格。特別是對會考失手的學生多踩一腳拒發畢業證書之類，就很難相信這是出自基督的仁愛精神。

人有原罪。受洗而加入了基督教會的同學們，也不見得人人都是浸後清白。其中向老師撒謊、抄功課、測驗默書作弊的教徒同學，頗不乏人。是以國鍵在青中雖則天天恭聽牧師講耶穌大道理，實則時時視之若老牧吹牛。何牧師曾責我何以遲遲不洗禮受浸，追隨基督，唉，真箇一言難盡啦！

第二章　儒仁佛淨壯圖治

第一節　儒學救國

胡謅上帝，何可救國？余生有幸，生活在書獃子妄圖救國的火紅歲月。六零年代，大袋小包的生活必需品，天天趕往尖沙咀火車站北運。神州大地，家不成家，國不成國。舊文化固給砸個稀巴爛，就殘留在殖民地香港的所謂古風，也不見得都是好。國鍵長時期棲身祖傳的香港某中藥廠，見慣的是二世祖不務正業的頹風。父執輩鎮日在皇后大道東藥舖那狹小的樓閣內，幹的無非是抽煙賭博。人一墮落，妻兒自然受苦。國鍵的童年，說實也毫不快樂。然而，禍兮福之所伏。雖非孟子所謂「天之將降大任」，然多少也磨煉了一種自立的精神，有了點關心貧苦的情懷。並且相信，若大家能正確認識孔孟，兄友而後弟恭，父慈然後子孝，君仁才得臣忠，打破那東漢以來曲解的儒學，推倒上必尊下必卑的「君要臣死，臣不得不死；父要子亡，子不得不亡」的僵化單向的愚孝愚忠，大家才會樂意克己復禮，講天地良知，而民族國家始能有望。真正的儒學，論的總是雙邊的仁愛關係。一隻手掌拍不響。人們彼此間的敬與愛，從來不會是單方面可以達致的。

如是國鍵中學大學時期，頗相信重新理解並實踐儒學思想，可足救國。錢穆、唐君毅、牟宗三、嚴耕望、牟潤孫，是我的「偶像」。至於天主，唉，「子不語怪力亂神」、「未知生焉知死」、「敬鬼神而遠之」，且擱置一旁算了。

第二節　跪在十架前

人生首次正正經經特意在十字架前跪下祈禱，記憶中，是大學三年級患上神經衰弱失眠症的時候。可能是營養不良，再加上在中學和大學時不眠不休的狂啃書本，一天不讀他一二百頁不肯休。大學二年級完結時，雖得了個什麼新亞書院全院一二年級成績第一的獎狀，但失眠卻是一天比一天嚴重。眼光光，望天光。斯時一夜能有一兩小時成眠，已是萬幸。可不如此又不會恍然徹悟：獎狀誠可貴，健康價更高。考第一而換來了心失，值得麼？

同班好同學是位虔誠的基督徒。她帶我參加教堂的主日崇拜。聽說神的力量可以治心，可以賜我安寧。希望可以稍治我無眠之疾吧。

十架前屈膝一跪，心內卻沒覺有虔誠信徒們說的那種溫暖和感動。反而覺得：男兒膝下有黃金，不甚舒暢。結果也沒再去了。既沒有「信」，上帝又怎會打救我呢？要擺脫失眠之苦，也就祇能靠自己能否看破浮名，能否放下成績分數得得失失的執着。拜相封侯，終須一個土饅頭。國鍵決定改變讀書態度，閒時多約中學同學們聊天「吹水」，閒中還會搓搓麻將，放下自在。

這種精神自療法，竟也漸漸見了些功效。

第三節　尋找慧根

儒學報國，原屬讀書人「天爵在身無官自貴」一廂情願的自慰。現實是，能救國的並不是儒學，而是中國人自己流的熱血。至如耶穌救國、祈禱治病之類，國鍵頗認爲人若不自救，天何救之，世間並無白白得救的道理，其失敗自亦理所當然。某年某月某日忽爾發覺，解救自己之方，原來是「放下自在」，實簡單不過。名且放下，利且放下，家國亦且放下，如是便得解脫。唉，自己也救不了自己，還奢談什麼拯吾民、救吾國？

因緣所繫，大學畢業後的第一份工作，是往某佛教學校當「人之患」。開心之處，不全來自那份相對不錯的薪金，而是佛教那種滅除「貪瞋痴」的心靈省悟。宋明理學的「存天地正氣，法古今完人」，太過沉重。惟慧能那句「本來無一物，何處惹塵埃」，方覺真章。浴佛節的浴佛，洗出了人們無塵之心；佛門寺院的暮鼓晨鐘，也聽出了此身無常的淨念。自己既體質羸弱，就無謂效聖賢立大志啦！名利斷，是非絕，果然偶爾也能睡足荼蘼夢亦香。

才疏，固不宜志高。體魄不強者，亦然。救國？得大名？立大業？上天堂？入涅槃？種種大事，都與我無緣啦！

第四節　遁入史學之空門

國鍵沒了大志，祇好往故紙堆中找快樂。大學二年級一病之後，經常唸的本來已是馬致遠那句「名利斷，是非絕」。分數於我如糞土，於是乎立心追隨課程深、高分難的治學極其嚴密的史地大師嚴耕望教授，學學他不吃人間煙火，試一下遁入史學考據的空門。當然，微言大義，也不是完全沒有的。此外，又選修王德昭教授的中西交通史，對中亞草原民族頗感興趣。雖則史地與草原民族之研究，人皆知其夕陽之業，立志其中，無疑死路自投。可國鍵倘佯於史地民族之間，卻又自得其樂。為照顧就業、為求取大學教席而去搞現代史？謀救國良方？唉，都留給心懷大志的同學去做吧。

如是，在先師牟潤孫教授和嚴耕望教授指導下，先後寫成《玄奘西征年代考》（載《新亞書院歷史學系系刊》1972）和《北周疆域考》。隨後在香港大學追隨趙令揚教授、何丙郁教授，寫成《北周與西北草原民族之關係》及博士論文《北魏與蠕蠕關係研究》（台北商務印書館，1988）。離開大學學府後，又完成《周隋地理史料漏誤舉隅》（1989）、《吐谷渾種裔考》（1992）、《中國史料所載吐谷渾成族及其初期歷史（AD283-430）》（1993）。由於史地民族研究夜幕低垂，沒街燈照路，不拿去發表了。

第五節　意有所鬱結

天主造人，並賜人一個具有天主性之靈魂（靈魂包含理智和意志），儒家謂之「良心」。國鍵既有靈魂良心，遁跡史學空門，無乃精神上的暫時逃避。日常生活，眼見塵世種種無理事，又豈能一一破之曰「空」？史地考據，實無排解「意有所鬱結」的大用。是故當了「人之患」之餘，不免又重拾兒時書畫舊事，兼在報章撰寫專欄，談書法論教育，對生命或算有了點交代。

其後，又為增廣識見，移民加拿大唸教育去。由是，國鍵天天醉心書法與教育。復為口奔馳，得閒死不得閒病。「人究從何而來」這類宗教大問題，反而沒甚時間去多想。大時大節，循例在祖先靈位前鞠三個躬，燒一炷清香，算是與鬼神打了交道。何世明牧師說吾等新亞知識份子自視太高、不信耶穌。國鍵孺子，可沒好氣去答他老人家了。

第六節　時窮抱佛脚

人生就是這樣的荒謬。高床暖枕的時候，總不會想念天主。災患及身時，才會謙卑仰問，宇宙間可有個主宰？因此之故，哲學和宗教思想最光輝的時期，總必是個苦難的年代。在人生的道路上，不免也是如此。一九八七年我家連根拔起，從香港移民到加拿大的多倫多。異國生活，苦乃必然。在這兩三年的飄零歲月中，人生有了更多的體驗。夜闌人靜，每想及人生何義，生從何來，死將何往。目下一切，是出於前世之業因果報，還是來自冥冥中那造物主的至高聖意？

移居多市期間，國鍵一家也曾乖乖地往何世明牧師的弟子馮家亮牧師主持的諸聖堂，參加主日崇拜，重溫一下中學時代成績相當不錯可惜會考祇拿個D級的《聖經》。偶爾又往湛山寺頂禮如來。

夫之謂——「臨急抱佛脚」。

第七節　回頭是岸

在多倫多的人生十字路上，進退爲谷。自己不是受了洗的基督徒，求上帝未必管用。惟有借用佛家的那一句，——回頭是岸。

一九九零年回流香港，重執教鞭。國鍵爲了內心的寧靜，也仰羨傳統中國士大夫晚年學佛的遺風，開始認認真真去讀一下《金剛經》、《般若波羅蜜多心經》、《六祖壇經》等佛家經典。對於生命的苦痛，似乎也有了點參悟。

《金剛經》載：「一切有爲法，如夢幻泡影。」功名祿利，金銀錢財，不正是一切有爲法的如夢幻泡影麼？死執着它們幹啥？一執便迷，下了地獄；一捨成覺，登了天堂。

《心經》教人「色即是空，空即是色」。世上既無實在實有之色，亦無實在實有之空。連生生死死原都是假生假有，全都是「無所得」的，那虛幻浮生的所謂富貴，豈不更是不真不實到極？若爲此而枉送歲月，豈不笨胚？

「永離熱惱，心得清涼」（《大乘無量壽經》發大誓願第六）。放下，自然就是自在。

第八節　良心驅動難放下

若據佛家觀點，世上沒有個永恆真實的良知和公義。一切在因果相依相待中無刻不在變化，故曰無常。

香港的教育，確也「無常」得可以。尤其九零年代，翻天覆地的變化，令人頗有了點文化大革命的嗟歎。學校裏面，傳統的儒家價值觀例如尊師重道禮義廉恥，在改革的紅旗之下，幾乎全給學生的個人享樂主義所淹蓋。教師的精力，給無窮的「會議」和繁瑣的文書行政工作所耗盡。昔日所注重的品德教育，給政府和社會的假人道主義假民主自由下的個人縱慾享樂觀所砸碎。昔日說是禮教吃人，今日沒有了禮教，禽獸式的以強淩弱的人吃人的情況，同樣是血淋淋的令人震慄。且較之禮教吃人，有過之而無不及。

克己復禮爲仁。儒家的良知和基督教的公義，在教育裏面確實不能缺少。作爲教師，難道真的忍心我們下一代的前途就此斷送？目睹這種毀滅族群的變化，你還能唸句阿彌陀佛，說句「本來無一物，何處惹塵埃」，便是心安理得？

斯國鍵讀佛，沒能信佛。

第三章　秋來悟覺天恩在

第一節　我業我受

良心的驅使，國鍵遂執筆在香港《明報》校園版寫《雨花集》專欄，批評教育改革，不惜開罪有司。佛家說得好，「業」（在佛學而言，業乃身、口、意、善、惡、無記之作）是自作的。但公義當前，作之何妨？

一九九六年因爲兒子要赴加升大學，一家再卜居多城。不一年而岳母大人辭世，內子哀傷過度，不幸患了耳鳴之疾，屢醫無效。一家人身心所面對的惱苦，不足與外人道也。斯時基督新教的朋友沒幫上忙，往寺院燒香，法師贈的也僅僅是句「此乃前世之業」的冷語。國鍵當日且把「業」錯聽成「孽」，內心益增傷痛。對於基督新教和佛教，在個人感情上因此也冷了一大截。

與其求人，不如求己；與其求神，不若修德。退休之齡，少不免要面對老病死。正是王羲之所說，「修短隨化，終期於盡」，殊非人力所能改變。唯一方法，是欣然接受，與不治之疾同眠。

老妻給耳鳴症折騰了差不多兩年，也終於明白了這個道理。耳病沒有醫好，人卻一天比一天健康快活起來了。

第二節　良籽發芽？

年近五十，國鍵大半生在宗教信仰上之尋尋覓覓，似乎也該有個了斷。國鍵相信，穹蒼之上，確有個「全能全知全美善，至公至義至仁慈」的神。基督新教宗派太多，佛家則不談創造萬物之神，看來都不太合適自己。某日，不知何故，忽然想起了天主教。

國鍵夫婦幼時都在澳門天主教辦的小學唸書。在慈幼小學，來自義大利的神父們教我天主真理。他們都仁慈博學，勤苦儉樸。其品格之高尚，令人感動難忘。福傳工作，畢竟是傳揚基督大愛，實乃以人感人，以心靈相感應者。良牧（耶穌）撒的良籽，始終是會發芽的。

事實且是，良心這良籽（靈魂），人們生而有之。故而性好追求真善美。祇要條件和環境成熟，便自發芽。此或類佛家子謂之「因緣和合」也。

公元二千年始，國鍵一家開始前往多倫多的天主教聖堂望彌撒。零二年報讀中華殉道聖人堂的慕道班，學習教理。

零三年六月，聖人堂主任司鐸特別給我家舉行了聖洗和堅振的聖事。原本是當年復活節集體洗禮的，因爲「沙士」疫情而小兒又在接收沙士病童的多倫多病童醫院做碩士研究工作，迫得推遲了兩個多月。

自此，我家就正式成了天主教徒。

第四章　寄覓耶穌老拙師

第一節　心存天主，根植文化

相比於某些基督新教派別，天主教更能包容異己，容許教徒探討教外宗哲，甚或取之作福傳之用。國鍵相信，中國傳統思想文化儒道仁義佛理慈悲，宣揚的正是人類天主性的最光輝的一面，又怎會與天主聖理完全對立？況且，基督教若要在中國生根，中土化信是唯一的選擇。基督教來華，不是要剿滅中國文化，而該是融入並豐富中國文化的內容，帶領吾民族認識並歸向天主。信奉天主教須先背棄自己所屬文化，是坊間的訛傳和誤解。事實反且是，借用儒佛道理來輔讀聖經，得益將會更多呢！

若以有神論無神論而言之，孔子敬鬼神而遠之，從沒否定神的存在。佛陀則僅就人生解脫立說，對有神無神這等與解脫無關的課題，從不表態。所以，三千大千世界以外有沒有一位超越因果無常、超越邏輯思辨所能認知的恆真不變的唯一的神，真正的佛教徒是不會提供答案的。

既是如此，則在中國文化土地上，相信天主確實存在，又有何不可呢？證得無以言喻的大菩提大涅槃成了佛果，不也可說成是回到了同樣可以是「如如不動」、「妙不可言」的天主懷抱裡麼？

第二節　同性戀事，考驗教義

國鍵皈依天主，受洗做了信徒，倒也不見得從此便是心安理得。信仰道路，向來荊棘滿途，考驗諸多。宗教上之忽熱忽冷，看來也是人之常情。有人說這是信德不足的緣故。然而，聖教會裏面個別人士的言行，有時確也令人相當沮喪。

國鍵零三年領洗後，勤望主日彌撒，唸《信經》那句「我信唯一至聖至公從宗徒傳下來的教會」。可不一年而聖教會是否真的至聖至公，已讓國鍵心生疑惑。

零四年，同性婚姻合法化法案，終於擺上了加拿大國會的立法議程。聖教會對此强烈反對，相當合理。但令人心寒的是，有神父僅因爲美國小布殊反對同性婚姻，便在《堂區通訊》撰文，大讚小布殊是個甚具勇氣的道德捍衛者，叫教友們好好向他學習。而堂區的網頁，竟又有教友公然替加拿大保守黨在大選中拉票。此外，也有主教認爲，不反對同性戀的教徒，不可領聖體，並暗示准許同性婚姻進入立法程序的總理克里田，將下地獄云云。作爲羊棧牧者和資深教友而有這等不一定符合基督精神的言行，對一個相信天主「仁愛無比」（詠116:5b）的教徒新丁來說，難免瞠目結舌。

小布殊與基督新教極右勢力互相勾結，重蹈昔日天主教「十字軍東征」的覆轍，出兵伊拉克，濫殺當地婦孺，他配做基督徒的榜樣麼？右傾的保守黨一向睥睨弱勢社羣，若然當政，對推動耶穌扶貧濟弱的事工，會有大幫助麼？叫人選擇一個暗裏歧視有色人種的政黨，可符合基督精神麼？誰上天堂誰入地獄，是主教自已有權決定的麼？這一切一切能謂之「至公」麼？能稱之曰「至聖」麼？主基督聞之，大概也會搖頭吧！

不過，也請放心。國鍵後來明白，基督才是教會的頭首。至聖至公，指的也祇會是基督。教會是基督的身體（《教理》805條），由於是人的組織，那就免不了原罪之業。何況個別神職人員的意氣言行，又豈可視爲聖教會整體的觀點和立場呢？

因此之故，國鍵從不會替個別言詞激烈的神職人員或教徒搖旗吶喊，而祇會依循耶穌教導的大方向，同情並善待同性戀者，反對對同性戀者作任何行爲上又或語言上的暴力打壓:

（一）國鍵絕不會把同性戀說成是「人獸交」、「亂倫」。因爲這等缺乏證據的非理性和不合邏輯的抹黑和漫罵，對塑造基督徒正面形象，毫無幫助。同性戀就是同性戀。它不是人獸交，也不是亂倫，更不是造成人獸交和亂倫的因素。强把它們綑在一起來討論，是偷換概念，是利用顛三倒四的方法來詆譭別人，很難令懂得思考的人敬服。「是就說是，非就說非；其他多餘的，便是出於邪惡」（瑪5:37），這是主耶穌說的。

（二）國鍵可不會唾罵同性戀者爲罪人，更不會敬奉反同性戀者爲義人。因爲，大家祇要是人，就必然是個罪人。至於義呢，請讀一讀《聖經・約伯傳》，義與不義，乃由主定，非由人說。世間自以爲義的基督徒，更宜多讀《聖經》所載「四種惡人」，其一爲「自視清高，自身污穢，卻不洗滌」（箴 30:12）。故國鍵常牢記住：耶穌「不是來召義人，而是來召罪人」（瑪 9:13b）。這也是主耶穌說的。

（三）國鍵當善待遠離天主的人，猶如耶穌之善待於我。耶穌化我以理，感我以德：「愛是含忍的，愛是慈祥的」，愛是「不誇張」、「不自大」、「不動怒」、「凡事包容」、「凡事忍耐」……（格前 13:47）。耶穌用的是無限的愛心，不是滿腦子的打壓和仇恨。

（四）國鍵決不會打着基督的旗號，以《聖經》爲利器，追殺同性戀者或一切無神論者。因爲，作爲基督徒，沒理由不記得半世紀前，共產中國無神論者，也曾用過相類的手法，以一本《毛語錄》，把有神論者打成牛鬼蛇神，趕盡殺絕。無神極權和有神極權，同樣可怕。而這兩種極權，其實同樣是對天主的輕藐。天主創造人，既然賜給人以選擇的自由，我們作爲人，就應該尊重天主的聖意，尊重同性戀或無神論者的自由選擇權。雖則我們亦應以無限愛心，盡力提醒人們，違反天主道德倫理，必會帶來種種惡果。而任何果報，必都是自作而自受。

抱存天主慈愛之心，規過勸善，乃基督徒應有之義。今若憎恨同性戀者，強加之以各種罪名，甚或對之動粗，首先跌倒的，恐怕會是基督徒自己。

「因爲凡持劍的，必死在劍下。」（瑪 26：52）

第三節　重拾佛學

作爲天主教徒而缺乏較廣濶的文化視野，鎮日沈溺於《聖經》裏面一字一詞的考證，很容易會執囿於某一字某一詞的狹義框架，閉塞心靈。其危害之處且在於，好心做壞事而不自知。

人貴自知。自知的第一要義，是知道祇要是人，就無不胎染原罪，就無一人能够擁有判定他人上天堂下地獄的權力。國鍵對同性婚配並不認同，但對於個別人士千方百計肆意打壓同性戀者，亦無好感。解決同性戀的最佳方法，是帶領同性戀者歸向天主，而不是把他們都拒諸教堂門外，再以暴力的方式來剷除。

佛教對同性戀這等違反自然律的妄念妄執，相對寬容。我佛慈悲，對這等不正之行，大概祇能替其流淚，然後發大宏願，度其脫離苦厄。吾聖教天主既至愛至慈，難道反會忍心放棄一眾同性戀者麼？當然不會。

須知內心一生仇恨，就已經不再是基督徒了。死執《聖經・舊約》的片言隻語，而不通解《新約》主耶穌基督以愛為最大的救贖大義。這是文化短視的不良後果。

為免自己在天主信仰上走入教條主義的死胡同，二零零六年秋，國鍵參加了多倫多的安省佛教法相學會開辦的佛學班。希望對佛教這宏博的思想，有系統地重新溫習一遍。佛學班內容充實，有條不紊。修畢一年課程，果然大有裨益。且發覺佛教與天主教之所論，相通之處竟甚多。

第四節　戒貪

佛門講得好，人之痛苦，來自原於「無明」的「貪瞋癡」。貪瞋癡者，貪欲、瞋恚、愚癡三種煩惱是也。此三者毒害於人最甚，故稱「三毒」。深而思之，此實亦吾天主之聖理。吾聖教勸人拋開榮華富貴，是謂戒貪欲；導人愛人，甚至愛伊之敵人，是謂戒瞋恚（戒怒恨）；教人不要妄想超越天主，是謂戒愚癡。

《聖經》瑪竇福音第四章，記述主耶穌受洗後往曠野受魔鬼試探，拒絕了魔鬼各種物質名利榮華富貴的誘惑，實乃戒貪的完美示範。人一貪，就容易把至潔的靈魂賣給魔鬼。從此背離天主，慾海浮沈，患得患失，精神上必苦不堪言。關鍵在於，心內貪欲增加一分，靈魂內的天主性便損折一分。故此，宗徒伯多祿勸勉人們，要藉着基督的恩許，「在逃脫世界上所有敗壞的貪慾之後，能成爲有分於天主性體的人」（伯後1:4）。

不義而富且貴，於我如浮雲。孔夫子不也是這樣說的麼？（《論語・述而》）

這個貪，當然也不止限於貪戀世上的錢財名利，還包括對自己的性命和所擁有（例如家庭、子女、美貌等）的一切的眷戀和執着。貪財固苦，貪求和依戀生命及其一切，同樣也令人陷於「煉獄」之境，永難安樂。這正亦佛學謂之因貪而妄執於「我」，妄執於「我所有」，斯「熱惱」之所原也。佛家這個「熱」字，與吾教煉獄的這個「煉」字，都是烈火熊熊的。

如何戒貪？佛門主張「捨」（例如《八大人覺經》提出捨離「聲色香味觸」之五欲）；儒家孟子建議「捨生取義」；新儒學則謂「存天理，去人欲」；吾聖教鼓吹扔棄「出於世界」的「貪欲」（若一2：16），好好跟隨主耶穌基督。大家講的，基本上是同一個戒貪的道理。

第五節　最難是捨

孟子佛陀耶穌，都勸人「捨」。但現實人生之中，捨確最難。因此，人們亦幾無不天天生活在「熱惱」的「煉獄」之中。

《聖經》瑪竇福音第十九章，記叙了主耶穌的一則事跡：某日，有位少年人前來說要跟隨耶穌。耶穌對他說：「你若願意是成全的，去變賣你所有的，施捨給窮人，你必有寶藏在天上；然後來跟隨我。」可少年人一聽這話，「就憂悶的走了，因爲他擁有許多產業」。

論實，就財富不多的例如國鍵之徒，也未必會捨得把自己的財產分給窮人。時不時捐獻一千幾百塊做慈善可還甚是樂意，若一下子硬要捐他一萬幾千塊錢，說真倒未必一定太開懷。至於「善牧爲羊捨掉自己的性命」（若10：1），爲「天地正氣」而「殺身成仁」捐獻性命的，世間恐怕祇有聖賢如聖若望、文天祥者，才會辦得到。

人若不捨，佛家這個集合「執我」、「渴愛」而起無窮苦惱之苦果，就永世不得解脫。在吾教來說，所謂「煉獄」，乃是「活在對受造物有着不健康依戀的狀態，即執着成敗、得失、榮辱、生死、愛恨等等，忐忑不安……」。這同樣是由於執我不捨，一生便活在煉獄之中。

知易，行難。《華嚴經》謂「一切能捨，心無愛著，隨意自在，所行無礙」（卷十四「淨行品第十一」），惜世間能捨一切身外物者稀。主耶穌說：「你們中不論是誰，如不捨棄他的一切所有，不能做我的門徒。」（路14：33）唉，國鍵是否真箇基督徒，就此捨的標準而論，已經不易說。

第六節　慈性迷失

儒家之「捨」，出於「不忍人」之仁慈之心；佛家之「捨」，發乎「慈悲之心」；基督教之「捨」，原於天主「慈愛之心」。不忍、慈悲、慈愛，實一脈而相通，皆謂之慈而已矣。

人性本慈。至於人之不仁、不悲、不愛，宋儒謂此乃仁心受「人欲」蒙蔽而致之。佛家則謂此皆由人之「惑」、「業」，因而妄執「六塵」（聲色香味觸法），遂自陷於愚癡而失自性。吾天主教則認爲人們「私欲偏情」之劣根性，皆生於背離天主、自我爲是的「原罪」。一語蔽之，全皆因爲執著眷戀於「我」、「我所有」而蔽塞仁心自性靈魂也。而其中對於錢財的「貪愛」，更「乃萬惡的根源」（弟前6：10）。

孟子謂「惻隱之心，人皆有之」；佛家謂慈悲佛性，人皆可有；天主教謂人之慈愛靈魂，在母胎內天主便已賜予。惟在日常生活中，何故總見憎人容易愛人難的呢？國鍵曾借助儒義佛理望得解脫，可惜功效不彰。至於受洗入了天主教，接受了基督白白給我的救恩，然而能否在「信望愛」中從此「愛人如己」得享平安，至今倒還是沒答案的。

《聖經》瑪竇福音記述耶穌在邀請那少年人變賣家財施捨窮人來跟

隨祂之同時，也曾向他提出了一個先決條件：要先守那「應愛你的近人，如愛你自己」等誡命（瑪 19：18－19）。這道理其實甚簡單。人若沒有「慈愛」，沒有「惻隱」、「慈悲」之心，又怎會樂意去「捨」呢？

在「愛得不夠」這方面來說，國鍵顯然是那少年的同道中人。我，真的在追隨主耶穌麼？唉！

第七節　戒瞋

人若不「捨」，自然便「執」。一執便是得之則喜，失之則恨，油然生了瞋恚心。

佛家「十二因緣」，人於世上因對世間事物之貪愛與執取，遂而增長「惑」「業」，流轉生死，苦不堪言。而所謂「苦」，主要是五取蘊苦、生苦、老苦、病苦、死苦、怨憎會苦、愛別離苦、求不得苦，合曰「八苦」。人生短幻，物皆無常。既是短幻無常，本來就是終無可得。是以世間一切執愛，其結局亦必然是得之必會失之，終歸是苦。

由是，貪愛（包括貪愛於生）固然要扔掉，由貪愛而來之瞋恚（包括厭惡於死），同樣亦要戒斷。吾聖教教人，一切順從天主。得愛須要感恩，失所愛則要明白，我生本是一無所有。能這樣，自然安順天主而得大自在，不瞋不恚。故此，除了因見不公義而瞋怒之外，切勿因世間一切身外之物而生憤怒心，也切莫因一己之不幸而滋生怨恚。須知「幸與不幸，都是天主之所為」（訓 7：14）。就天主自己，也是「緩於發怒，富於慈愛忠誠」的（出 34：6）。所以，在人生道路上，「凡事要謙遜、溫和、忍耐」（弗 4：2）。此無他，亦所以戒瞋而已矣。

故曰：「愚昧的人，立時顯出自己的憤怒；機智的人，卻忍辱而不外露。」（箴 12：16）天主教這「忍辱」兩字，甚有佛家「六波羅蜜多」的「忍辱」（安忍）的味道。

依賴上主，自然事事開懷，不貪不瞋。因之亦無時而不「滿心歡喜」（詠 28：7c）「喜氣洋洋」（詠 65：9b）。此儒道《中庸》第十四章謂「上不怨天，下不尤人」、「君子無入而不自得」。亦佛家《六祖壇經》謂「隨所住處恆安樂」，《佛說八大人覺經》所言「常住快樂」也。

儒士安貧樂命，不憂不懼。佛教徒無論處於何境，皆自在常樂。大家臉上常掛着的，是真心的笑容。而真基督徒之日常生活，當亦「滿心歡愉」（詠 69：32）。其於待人接物，亦盡是和顏悅色，笑容可掬。若非如此，豈曰真信？

弘一法師《實用佛教對聯》載其集《華嚴經》句聯曰：「常樂柔和忍辱法，安住慈悲喜捨中。」吾聖教當爲：「常樂柔順忍辱法，安住慈愛喜捨中。」國鍵去此安忍不瞋之境甚遠，自稱基督徒，實在太慚愧了！

第八節　戒癡

佛家之所謂「癡」，乃係「愚癡」。世人把世間虛幻不常之事物，當成永恆實有而死執之，以假爲真，以幻爲實。如此「顛倒妄想」，不是癡人是什麼？

佛家言人世虛幻，吾聖教何獨不然？《聖經》早亦指出：「世人不過像一口氣，他的歲月如影消逝。」（詠 144：4）「他赤身出離母胎，也照樣赤身歸去。」（訓 5：14）蜉蝣之身，錢財固然無可帶走，就美貌姿色，同樣不外是剎那之「虛幻」和「泡影」（箴 31：30）。因爲，歲月流逝，人終必「灰塵將歸於原來的土中」，誠屬「虛而又虛，萬事皆虛」（訓 12：7—8）也。

「萬般帶不走，唯有業隨身」。佛家這句說得好。在天主教來說，自從人染原罪之後，便自顛倒妄想：妄想自己這塵土受造之物，能與天主平起平坐；妄想此帶罪之身，及其所擁有之物，同與天主並歸永恆。殊不知一死之後，萬般帶不走，唯有靈魂及其一生所作之業必隨身，且「天主必要就你所行的一切審判你」（訓 11：9）。塵必將歸塵，土必將歸土，何來永恆？人們執此虛幻人生而當作天國永生，自以爲可與天主試比高，不就是愚癡之極了麼？

破愚癡靠賴大智慧，佛言菩提覺智是也。《聖經》說的，同樣也是「智慧」兩字：「敬畏上主，就是智慧；遠離邪惡，就是明智。」（約28：28）人若認清楚天主才是「萬有真原」，自然便有大智慧。有了大智慧，又怎會癡想能與天主同列呢？

第九節　因果論

佛門信條之一，是「信因果」。其「四聖諦」（諦者，真理也）乃「苦集滅道」：「集」爲因，「苦」爲果；「道」爲因，「滅」爲果。凡事物必有其因，亦必有其果。因果相依相待，如影隨形。宇宙間無一事物非如此者。

吾天主聖教亦是篤信因果的。原祖父母亞當厄娃在伊甸園違背天主命令偷吃禁果爲其因，人類從此沾犯原罪生老病死苦不堪言爲其果。人染原罪爲其因，救世主基督降世以其聖血洗赦原罪使人重獲真自由爲其果。皈信天主追隨基督原罪得赦爲其因，戰勝死亡復享天國永生爲其果……。

佛依因果律而不能不有「三世說」，否則人死前剎那所作之業，便會斷了因果。吾聖教則有天堂、煉獄、地獄之說。而人死前一刻之所作爲，在「最後審判」時自亦必有果報。死時一念信主行善而可登天國，一念背主爲惡而即墮地獄，又怎會沒因果的呢？

第十節　以果證因

佛家教人，切不要先追查個因，然後才用此因來證此果。因爲，以果證因較易，以因求果極難。

基督徒對於天主信仰，愚見認爲，亦當如是。努力去尋找那無形無影無始無終無以言喻的天主然後才信，必一無所得。既是無形無影，又何能找得個有形有相的天主讓你看呢？故此，找尋天主，同樣祇能以果證因。譬如說，我們可以用人們生而具有良心，證明天父所予人之靈魂，確實存在。又或以世間一切美好光明事物和大宇宙各種規律的出現，確證宇宙必有個造物主這「工程師」（智 13：15），否則何能精妙若此？故此，暇時你祇要多看看周遭眾多奇妙美善的事物，你不難哦然驚嘆，天主仁愛，充塞乎天地！

天主不但存在，而且無處不在。

第十一節　見而後信？

慎重的人，總希望能先見見天主的聖容，看看祂有沒有不可思議的真本事，才會安心去信。無實據難以為信，人之常情也。遺憾的是，這種要求恐怕絕多祇會失望收場。

太初有道，道與天主同在，道就是天主。這個道（天主）是無始無終、無形無相、不可言喻、「不可目睹、不可捉摸」的（《教理》42條），又何能有個實質的實相讓你去見呢？

佛家亦言，追求如來實相，其結果也祇能是妄。《金剛經》曰：「若以色見我，以音聲求我，是人行邪道，不能見如來。」（法身非相分第二十六）故此，「離一切諸相，即名諸佛」（離相寂滅分第十四）。由人自修而成之佛及其佛法尚且無相，那無始無終、非人類智慧所能完全理解的天主及其聖道，又如何可以有相可得？

所以說，在思念上硬要把天主形象化，又或讀《聖經》讀到了天主以火的形式出現而去拜火，聖神以鴿子的形式出現而去拜鴿子，這全都「是人行邪道」，不能見天主。其甚者還會導使人誤把受造物當作神，崇拜偶像。

「那些沒有看見而相信的，才是有福的。」（若 20：29b）

當然，不見而信，並不代表叫人不思而信。不思而信，易墮迷信。

迷信比諸不信，其禍害恐怕更大。

第十二節　三世說

佛弟子相信，人有過去、現在、未來三世。正所謂「欲知前世因，今生受者是；欲知來世果，今生作者是」。今生之所受，乃前生所作之果報。而今生之所作，來生亦必自受其果。三世說乃因果論下所必然。因為，人若沒有下世的話，那今世死時剎那一刻所作之業，豈非就沒了果報？那「因果律」又何能成為顛撲不破的至理？

佛家之「前世」，乃「前無量世」，是數之不盡的。「後世」則是「後無量世」，也是數之不盡的。再加上「今世」，合為三世「無量刼」。人呢，若非修道成佛永得解脫，必然在「六道」（天、人、阿修羅、畜生、餓鬼、地獄）中世世輪迴，永無止期。

佛家且認為，這種三世六道輪迴的景況，在人的現世中，其實已天天不斷進行。今生所度過之每一刻，全都是剎那間的隨生即滅，隨滅即生。屈指算來，一天實已歷盡無量的生生滅滅。其「天上」乎？其「地獄」乎？全不過是剎那間的一念之轉。

若以時空而言，則吾聖教亦有相類於三世的概念。人類原祖父母亞當厄娃（夏娃）尚未吃知善惡樹的「禁果」，在伊甸園快活地生活之時，此乃人之前世。違背天主命令偷吃「禁果」染了原罪之後，從此有生而必有老病死，苦不堪言，是為人之今世。皈依天主盼望死後重登天國復歸天主懷抱得享永生，是為人之來世。

當然，閣下的來世是天堂是煉獄還是地獄，那要看天主的慈悲和個人所作的業了。這，也許就是佛家所說的果報吧。

第十三節　「三位一體」與「不一不二」

在天主教的教理裏面，「聖三」乃「聖父、聖子、聖神」（基督新教，聖神作「聖靈」），三位一體。凡夫俗子如我，未易完全明白。一就是一，三就是三，何來三位而可作一體的呢？基督信徒或會說，這是「奧迹」，非人力所能理解，信之便是。

用「奧迹」來迴避「三位一體」這問題，未必是個好方法。因為，聖三的「三位一體」雖然是奧迹，就神學專家也未必能盡解其中奧秘，然而，在人的智力範圍來說，這道理卻也並非全然無可解釋。雖則由於智力的局限，總會是管中窺豹，祇見一斑。

從個人膚淺的認知角度看，三位一體，大概會是一體三面的意思。亦即「祂們的分別在於與本原的不同關係。父是生者，子是受生者，聖神是受發者」（《教理》254條）。而在這一體三面之中，一即三，三即一。天主為一，聖父聖子聖神為三。在一體之中，父在子內，子在父內；父在聖神內，聖神在父內；子在聖神內，聖神在子內（《教理》255條）。父、子、神，乃一體中三種不同的面貌和職能。在天主教的《信經》之中，聖父是「天地萬物的創造者」；聖子是「被釘在十字架上」為救贖人類而降生人世的救世主耶穌基督，祂已從死亡中復活，並將要「審判生者死者」；聖神則是「賦予生命者」，祂經常降臨並停駐在人的靈魂之中，帶領人的思想行為。是知聖父聖子聖神雖曰為三，實則同在一體之天主之內。而一體之天主，又決不可以離開聖父聖子聖神三位而能予以認識。蓋此「一」之與「三」，相依相待，如形之與影，無從單一分拆，亦無從單獨存在也。

這種亦三亦一，亦一亦三的概念，在中國思想文化裏面，早就有着類似的道理。千百年來在中土流傳的佛教，對於「色」與「空」、「有」與「無」的分別，也提出了「不一不二」、「非二非一」的解說。佛家在「色」「空」二性和「有」「無」兩體裏面，說的正也是二即一，一即二的道理。無「色」則無以見「空」，無「空」則無以見「色」；無「無」則無以證「有」，無「有」則無以證「無」。「色」之與「空」，「有」之與「無」，不過是一體兩面。而此兩面同在一體之中，二者相依相待，若影隨形，也是無法分開來單獨認識的。

是則吾教之「三位一體」說，又豈會是曠世新奇，在理性上一無可解？

第十四節　靜而後能見天主

人呢，多一分欲望，少一分靈性。靈性彰顯於無欲無求之靜。是故能靜始能復靈而見天主。國鍵未能常與天主相遇，大抵是人靜心不靜的原故。彌撒開始時，每聽那一句「請大家收儡心神」，唉，端的是談何容易耶！

《大學》曰：「知止而后有定，定而后能靜，靜而后能安，安而后能慮，慮而后能得。」據朱熹注，則「止者，所當止之地，即至善之所在也」，「靜謂心不妄動」，「得謂得其所止」。以吾教而言，此「至善」之「止」，當為天主矣。其如何能達此至善境地，儒家提出了「定」「靜」之方。

佛教亦倡定和靜。其「戒定慧」，戒爲守戒，定爲禪定，慧爲大菩提之智慧。佛徒修行，禪定殊不可缺，否則無以證得菩提智。其所謂「禪定」，「禪」者「靜慮」，乃「心體寂靜而能審慮」；「靜」爲「止」，「慮」爲「觀」。而「定」也者，乃「心定止於一境而離散動」。合而言之，乃由靜慮（禪、止觀）而妄念止息（定），因之降伏煩惱，得證菩提也。

諸葛武侯語曰：「淡泊而明志，寧靜以致遠。」聖堂年有避靜活動，國鍵性懶，沒曾參加。論靈修，國鍵完全不及格。

第十五節　成之於行

沒有實踐的信仰，不成信仰。是以世間凡宗教信仰，幾無不重視於行。人們信奉天主，跟隨基督，決不能單靠一個信字，更不能僅憑一張能說話的嘴兒，誠心胡謅一下，便得進入天國。

知道了無行難以爲信的道理，才能明白何以基督教「信望愛」三德之中，以愛德爲最大（格前 13：13）。此無他，因爲三德之中，唯有愛德是行的工夫，因此也成了「全德的聯繫」（哥 3：14）。

愛德之主要內容，乃行動上無私的「施捨」（瑪6：4）、「勉勵行善」（命10：24）、「好施樂善」（詠37：21）、「施惠憐恤」（詠37：26）、「樂施濟貧」（箴28：27）、「愛人如己」（肋19：18）、「愛天主」（申6：5；瑪22：37）等等。而由它顯現出來的，是「含忍」、「慈祥」、「包容」、「忍耐」與及「不動怒」等仁愛態度（格前13：4—7）。

佛家「信解行證」。「信」雖是「道源功德母」，但修行方面，最重視的還是個實踐上的「行」字。「信願悲智」之中，仍以「悲」（慈悲）爲其根本。佛家講的「慈悲」，慈爲予樂，悲爲拔苦。予樂拔苦，不是空談，而是修行時首須實踐的工夫。故修習「六波羅蜜多」時，「布施」必居其首。其次始爲「持戒」、「忍辱」（安忍）、「精進」、「禪定」、「智慧」。

口中言愛不算愛，紙上談慈不算慈。主耶穌說：「不是凡向我說『主啊！主啊！』的人，就能進天國；而是那承行我在天之父旨意的人，纔能進天國。」（瑪7：21）大家亟須留意的，就是經文中這個「行」字。

第十六節　布施

佛家教人修習「六度」（「度」乃梵語 paramita,音譯「波羅蜜多」，是「到彼岸」的意思），以渡過生死苦海，到達涅槃彼岸。六度之中，首爲「布施」。布施可分三種，「財施」、「法施」、「無畏施」是也。

財施乃以財物施人；法施乃予人佛法與知識；無畏施乃以精神資益他心，令眾生無所畏懼。

察諸吾天主聖教，亦有此三種施捨焉。天主教教義，有「形哀矜」與「神哀矜」兩大功德。「形哀矜」也者，「飢者食之，渴者飲之，裸者衣之，旅者留之，病者醫之，囚者慰之，死者葬之」。而「神哀矜」者，乃「解人疑惑，教導愚蒙，勸人悔改，安慰憂苦，恕人侮辱，忍耐磨難，爲人代禱」。

「形哀矜」，實佛家之「財施」也。而「神哀矜」者，亦甚類佛家之「法施」與「無畏施」矣。

基督徒無不以布施爲其職志。行善濟眾之外，復當致力傳揚天國福音，勸人皈依天主，從世間各種痛苦和死亡的恐懼中解脫出來。這不正是佛家所說的「法施」和「無畏施」麼？

第十七節　己欲達而達人

偉大的宗教思想，總必帶有一種捨身救世的情懷。佛家最打動人心的，是觀世音菩薩的大慈大悲救苦救難，是地藏菩薩那一句「地獄不空，誓不成佛；眾生度盡，方證菩提」（《地藏經》）。

天主教最感動人心的，是主耶穌爲了人類的救贖，甘心給人唾罵、虐打，承受非言語所能言喻的苦痛，最後且被釘死在十字架上。無怨無悔，夫之謂偉大。

偉大之處，全在於有一副犧牲自已救活他人的菩薩心腸。其信念是：一我之得救，需由眾他之得救來成全。

菩薩心腸者，悲天憫人之心也。《華嚴經》言：「因於眾生而起大悲，因於大悲生菩提心，因菩提心成正等覺。」（「普賢菩薩行願品」）人能修成佛果，由於生菩提心。菩提心乃來自大悲。而大悲之起，全因眾生。是以眾生才是個人修行成佛的根本。

這種若要爲己，必先爲人的思想，正亦吾儒學思想的一貫傳統。《論語‧雍也》，子貢以「博施於民，而能濟眾」，問仁於孔子。孔子答曰：「夫仁者，己欲立而立人，己欲達而達人。」這就是說，立己達己的方法，乃是立人達人。所以，作爲一個儒士而有志於仁，決不能祇知閉門讀書，而必須跑進社羣，博施濟眾。理由實也甚簡單。蓋「仁」字既由「二」「人」組合而成，段玉裁注之曰「相人耦也」，亦即兩人並耕始爲耦（偶）。故此，「獨則無耦，耦則相親」（並見

《說文解字注》八篇上「仁」)。若是獨有我自己而沒有他人爲對象，我又如何得以成就這個仁道呢？

吾天主聖教，基督當然亦非僅爲某一人之得救而降世。「人子」前來，實爲眾生。故而基督徒個人之得救，同需以他人之得救來成全。作爲基督徒而祇知獨自躲在聖堂一角努力祈禱，但求一己登天國，不理他人苦難多，他所得的福報，相信不會太大。因爲，這種近乎自私自利的修行態度，與濟眾救世的基督精神，毫不相副。

耶穌基督教導我們，除了愛天主之外，也要「愛近人」。愛近人的意思，不僅是愛我，而更是愛他，且要愛得「如你自己」(谷12:31)。所以，若真是個基督徒的話，那就必須投身貧困社羣，做救助貧弱、博施濟眾的實事。此《聖經》所言曰：「祈禱與齋戒固然是善功，但秉義施捨却超過前二者。」(多12：8a)

道理說來同甚顯淺：人若愛了貧苦的眾生，也就是愛了天主。人們若對貧弱亟需救助的人伸出援手，「你們對我這些最小兄弟中的一個所做的，就是對我做的。」(瑪25：40)這是主耶穌吩咐我們的。亦因此，愛護窮人「是教會恆久傳統的一部份」(《教理》2444條)。

救世，是孔釋和基督三家的共同理念。若想成聖，宜先發願：或效范仲淹之「先天下之憂而憂，後天下之樂而樂」；或效普賢諸菩薩，「興大悲，愍有情」(《大乘無量壽經》「德尊普賢第二」)，發大願度眾生，「斯願不滿足，誓不成等覺，復爲大施主，普濟諸窮苦」(《大乘無量壽經》「必成正覺第七」)；又或效吾聖教之德蘭修女，往赴一窮二白的人間地獄，爲了搶救生命，貢獻一生。

己欲達而達人。但願自己沒能做個大施主，也得做個小的。

第十八節　依何而信？

天主教徒當依何而信？答曰：當依「聖言」而信。「聖言」之血肉在《聖經》，故當依《聖經》之說而信也。天主信仰，乃依《聖經》，毫不依人。

天主教會謂其信仰有兩大泉源，一爲《聖經》，一爲「聖傳」。「聖傳」乃自十二宗徒以降教廷對聖言的詮釋。惟此詮釋，必須根據《聖經》而作。故最終實亦必以《聖經》爲依歸。任何缺乏聖言根據言過其實的人爲推斷，就算怎的感動於人，亦不足作爲聖傳而成爲天主信仰的核心。道理顯淺，因爲世間無一人不染原罪，亦無一人不是受造之物，何可代替天主聖言，奉以爲信？算是教會的聖人之言，也不例外。

所以，凡是單憑人言而去信的，都不會是真信，而大多祇會是盲從。故若宣教士遇上聽眾懷疑他之所說，而怒責人欠缺「信德」，說明的不是人沒信德，而是他自己未必真的是個基督徒。

堅實的信仰，來自於不斷的懷疑與思索，不來自於不動腦筋的但聽人言。

盲目順從之士，最易給人導入迷途。此所以天主信仰必須是「依經不依人」。因此，作爲天主教徒，除了熱愛天主之外，必須具有判別是非的獨立思考能力。

須知凡正派宗教的教義，都不會以個人爲重心。在中國流行的佛教，提出的也是個「依經不依人」的大原則。要判別佛徒所說是否正確，依照的不會是佛徒甚或佛陀其人，而祇會是佛陀所教導的佛法和戒律，此所謂「三法印」是也。「三法印」即「諸行無常」、「諸法無我」、「涅槃寂靜」。凡道理不合乎此三印者，即非佛理。

在中國，無論儒學又或佛理，從不會把人當神辦，復把人言當作是神的說話，人人必須依從。是什麼原因導使中國民俗頗有「人可以成爲神」的錯誤觀念呢？這確是中國民俗學上一個很值得大家探討的問題。這，也可能是秦漢以降中國社會日趨墮落的其中一個原因。

第十九節　孝道

有些朋友認爲，信奉天主教，會削弱個人和家庭之間的關係。拜神拜到瘋癲，會忘卻自己上有高堂，下有妻兒，全都等着他來照顧。這，其實是一個天大的誤解。天主可有叫人祇知有神、不知有人，祇知愛神、不知愛人的麼？當然沒有。

基督徒必須孝敬父母，愛護妻兒。十誡中的第四誡，明明白白的寫道：「應孝敬你的父親和母親，好使你在上主你的天主賜給你的地方，延年益壽。」（出20：12；弗6：2-3）

主耶穌叫我們愛天主之外，又要愛我們的近人。父母妻兒不就更加是我們的近人麼？

愛天主和愛家庭，是並行而不相悖的。《聖經》裏面載的「你當全心、全靈、全力，愛上主你的天主」（申6：5；瑪22：37），又或「唯獨事奉上主」（蘇24：14），祇是強調十誡中以天主爲獨一真神的第一誡命，非謂愛神之外，不許愛人。須知「信望愛」三德，以愛神和「愛近人」這「愛德」爲最大。耶穌基督留給我們一個最寶貴的理念是：「彼此相愛。」（若一4：11）所以，愛父母愛妻兒，本來便是天經地義，也是天主所要求的。無怪撒羅滿說：「對生養你的父親，應當聽從；對你年邁的母親，不可輕視。……義人的父親，必欣然喜樂；生育慧子的，必爲此歡騰。應使你的父親因你而喜悅，應使你的生母因你而快樂。」（箴23：22-25）此正孔門弟子曾參論孝所謂——「大孝尊親」也。

佛教之於孝道，同亦看重之極。佛徒所修「三福」中之「世福」，即爲孝養父母、奉事師長、持十善戒。而「目連救母」的故事，更是膾炙人口。是故慧能亦有頌曰：「恩則孝養父母，義則上下相憐。」（《六祖壇經》疑問品第三）

吾聖教主耶穌，爲了顯示他孝順聖母，施行了第一次奇蹟，在加納婚宴上，因爲聽見聖母說「他們沒有酒了」，遂把水變而爲酒了（若2：1－10）。這真實故事要說明的，正正是吾天主聖教之重視人倫孝道，較諸儒佛二家，實有過之而無不及。

當然，耶穌把水變成酒的奇蹟，除了作爲人子而要圓滿十誡中孝敬父母之誡命外，也是爲了向門徒們展示他確是天主子：「他顯示了自己的光榮，他的門徒們就信從了他。」（若2：11）因此，我們倒不必把此次奇蹟耶穌的孝心，代入中國式的「父要子亡，子不得不亡」的愚孝觀念，甚或解釋爲由於「耶穌一定聽聖母的話」，聖母可以指揮耶穌。否則便是斷章取義，陷耶穌的孝心和聖母的仁慈於不義了。

第廿節　有情無情

佛教令人驚喜之處，是它博大精深，且能與中國傳統文化儒道兩家相融合，成爲唐宋以後中國傳統文化的重要部份。

禪宗五祖弘忍偈曰：「有情來下種，因地果還生；無情亦無種，無性亦無生。」（《六祖壇經》行由品第一）

佛家對於「有」「無」，有相當透徹的理解。它既具「慈悲」之「有」而能與儒家「仁愛之情」相契合，卻又別具「色空」之「無」而能與道家「天道無情」相呼應。它既否定神的存在，惟在坊間卻又以有神之面貌來流傳，而釋之曰「對機」（因對象不同而隨機應變以度人，此乃「方便」之門）。由是今之佛教，在普羅大眾心目中，理論上是空空無情，實則是菩薩大有情，具有救苦救難的神力。

儒家與道家迥異之處，是儒家以人道仁愛證天道有情。天若有情天亦老？錯錯錯。正因天道有情天不老。試想想，天若老死，何能賜愛人間？上世紀錢穆等大儒對中國傳統文化及中華民族所流露之熱愛，不正是發諸傳統儒家那種永恆的温馨仁愛之情麼？

情與愛，同樣是吾天主教信仰的主要內容。耶穌基督所要宣示的天國福音，泰半講的是對吾等罪人的憫情與關愛，與及闡述天主賜予人類救恩的至仁和至慈。天主由舊約時期對人類以牙還牙之嚴罰，轉而爲耶穌降世新約年代對世人無限之憐愛。爲了人類的救贖，不惜以其獨生子耶穌作最後獻祭，用聖血洗脫人類由原祖父母而來的原罪。夫之謂「大愛」。

天主以洪水滅世之後，對於過份的嚴苛刑殺，似乎也有了點悔意。

所以，祂與方舟餘生諾厄立下盟約，應承從此以後，「再沒有洪水來毀滅大地」，並以「虹霓」爲立約的「標記」（創9：8-17）。誰能說天主是無情的呢？

天主本質原是愛。凡有地方若見無私大愛，那天主便是存在。故此，儒家仁愛與佛家慈悲，證明了中國傳統文化裏面，天主其實早已臨在。

「落紅不是無情物，化作春泥更護花」。天主因爲人染原罪而讓人老病死，同亦看似無情實有情。在人世間，若然大家都老不死，那我們的子子孫孫們，還能有生存的空間麼？

第廿一節　良心即靈魂

天主教相信，人之所以異別於禽獸，全因天主造人時「在他鼻孔內吹了一口生氣」，使人有了個原自天主性的靈魂，成爲唯一的「有靈的生物」（創2：7）。

靈魂除包含理智、意志之外，還具有美善、仁愛等天主性的本質。由於靈魂分享天主性，因此亦不死不滅。

這永恆不朽的義理仁心，吾先秦孟子早有介說。孟子舉證人們「乍見孺子將入於井」而「皆有怵惕惻隱之心」，肯定了人之仁心良知乃與生俱來，決非出於後天的個人私利。孟子復結論爲：人獸之別在良心。人若沒有「惻隱之心」、「羞惡之心」、「辭讓之心」、「是非之心」，那就不是個人了（《孟子・公孫丑上》）。是以人之有良心，猶其有「四體」（四肢，仝上）。良心，是作爲人的最基本條件。是則孟子謂「人皆有是心」，直如基督教謂人皆有個靈魂矣。

天主教認爲，靈魂比肉體短暫的生命更珍貴更重要。此孟子早亦有說。他藉「魚與熊掌」之喻，說明了現實人生中一旦遇上生死取捨，有良心的人，總不會苟且得生，而祇會是「捨生而取義」、「患（災）有所不辟（避）」（仝上）。

至若佛家，亦認爲眾生本具靈照覺悟之「靈覺」。人之真如自性，與生俱來，並非他處可以求得。古禪偈曰：「佛在靈山莫遠求，靈山只在汝心頭；人人有個靈山塔，好向靈山塔下修。」作爲眾生的一份子，又豈能沒有這靈性之覺呢？佛家雖否認靈魂良心實有，但眾生此心中之靈覺，不單具有，且是修習成佛所必需，也是有情之所以稱爲有情的重要條件。花草樹木石頭不算眾生，不是有情，正因爲它們沒有靈覺，無法修道成佛。

大難當前，人們能否保住此靈魂、良心、靈覺，確是個大大的考驗。孟子謂惟「賢者能勿喪耳」（仝上）。察諸世間寶靈求生者眾，爲義捨生而成聖者稀。由於人性軟弱，人們心中的靈性，確實需要經常洗滌的。佛曰：「時時勤拂拭，不使惹塵埃。」儒曰：「吾日三省吾身。」在天主教來說，則要在日常的祈禱中不斷「警醒」，如此「才能免陷於誘惑」（《教理》2612 條），才能「跟具有佔有慾和統治慾的自我戰鬥」（《教理》2730 條）！

第廿二節　正見

宗教信仰，是人生命中一件最嚴肅的事情，故必須以理智的態度來處理。儒學孔子，偏向有神論。然而，孔子之於鬼神，採的正正是一種相當理智的態度。《論語・雍也》，樊遲問知，子曰：「務民之義，敬鬼神而遠之，可謂知矣。」朱熹注引程子曰：「人多信鬼神，惑也；而不信者又不能敬。能敬能遠，可謂知矣。」即亦是說，人們應以理智的態度看待鬼神。蓋過於相信，易惑於人。若然不信，又難以爲敬。所以，較好的做法，是敬而信之，卻又遠而離之。夫之謂智者。

人們容易受鬼神之說所迷惑，這確是宗教一個必須面對的大難題。儒家爲免鬼神爲禍，勸人「遠之」。佛家則提出「正觀」（觀與經合）和「正見」（離諸邪倒之正觀）這「正」的觀念。祇要信得正確，那信仰便益已眾；若信了不正確的邪見邪念，徒導人於迷，害已害人。

在基督教的信仰裏面，當然也亟須小心謹慎，步步爲營。特別在人神之分和靈慾之別這等嚴肅的命題裏面，教會裏面，種種容易令人跌倒的不正之見，就出自於個別神父之口的，亦非絕無僅有。且不單是言，有時且還見諸行。例如拜聖母，穿名牌，駕名車，把「應常快樂」（得前 5：16）這皈依天主擺脫物慾束縛的精神上的「心靈歡欣」（詠 86：4a），解釋爲在歡樂時應盡歡樂的物質享樂。殊不知這種言行，完全背叛天主教一神教義，亦違反「清心寡欲」（詠 73：13a）不以物質爲樂的基督精神。

所以，在天主教的教會裏面，相信同樣需有一種建基於聖經教義的正見精神。對於任何不正確的違反聖言的見解，作爲教徒，有大責任即時提出討論。

導人迷信，遠離天主，這不正是魔鬼天天想要幹的事情麼？若用迷信的方法來招徠信友，就算「成效顯著」，「追隨者眾」，可值得我們慶幸麼？毫不值得！因爲這等所謂信友前來追隨的，不外是一己之慾望和快樂，並不是主基督。

教會之內，贗品非少。因此，基督徒雖則「純樸如同鴿子」，亦要「機警如同蛇」（瑪 10：16）。須知「幼稚的人，有話必信；明智的人，步步謹慎」（箴 14：15）。若望宗徒因爲擔心謬誤之見潛入教會，故曾特意提醒我們：「不要凡神就信，但要考驗那些神是否出於天主。」（若一 4：1a）

第廿三節　「天主之母」嫌誇大

沈迷於理性邏輯，日耳曼民族給人類帶來了世界大戰的災難。過於輕視理性邏輯，歐洲中古時期天主教教會亦曾有所偏差，爲人們帶來不必要的苦痛。宗教信仰若完全置理性邏輯於不顧，其害與偏執理性邏輯者相同。

今日教會未盡合乎邏輯之用語，莫過於「天主之母」、「聖神淨配」、「聖母中保」及「向聖母祈禱」。

「天主之母」（Mother of God）一詞，或始見於公元二世紀。歐洲中古時代，天主教多明我會（Dominicans）及方濟各會（Franciscans）所用之《聖母經》（Hail Mary）謂「天主聖母瑪利亞」是也。

公元四三一年厄弗所大公會議，聖教會爲抗衡聶斯託利教派（Nestorians）指瑪利亞乃人故不能爲神之母的所謂「異端」，正式確立「天主之母」爲聖母的榮銜。殊不知此「天主之母」之譯語，在語言上所傳達的信息，在邏輯上未必完全符合天主教教義。理由是：

（一）厄弗所大公會議確稱之瑪利亞榮號，希臘文爲「theotokos」，其字並無母親之意義（段特·隆傑內克及大衛·葛斯塔森《耶穌的母親瑪利亞》，張令熹譯，台灣啓示出版，2004年，頁40）。據國鍵所理解，它指的是瑪利亞受聖神「降孕」（非交合成孕），成爲聖子降世「道成肉身」的載送之具和懷育的人。英文當作「God-bearer」，非「Mother of God」。至若中文，則難有單一字詞可正確對譯。

（二）以教理言之，天主乃無始無終之「自有者」，何來有「母」？

（三）天主教《信經》明明寫道，聖子是「天主的獨生子」，「他在萬世之前，由聖父所生」，「與聖父同性同體」。亦即是說，萬世之前，聖子已在，且與聖父聖神並列「聖三」，何待二千零九年前聖母代勞？故「聖子」也者，「聖父之子」也，殊非「聖母之子」也。

（四）「天主」乃「聖三」，「聖三」乃「天主」。此二詞在概念上相若。若「天主之母」成立，那聖母豈不也是「聖三之母」了？且不僅是「聖子之母」，更也是「聖父之母」、「聖神之母」了。

（五）若認爲耶穌乃天主，故而「耶穌之母」即「天主之母」乃必然結論，此實昧於「白馬非馬」之邏輯矣。耶穌當然是天主，但卻不能因此而說天主便是耶穌。因爲「耶穌」和「天主」二詞所代表的概念並不完全相同。正因如此，耶穌受難，絕不能稱之曰「天主受難」；耶穌被釘十字架，絕不可視作「天主被釘十字架」；耶穌復活升天，也絕不能謂之「天主復活升天」。天主全能，永生不死，又豈會受難、釘死、復活的呢？「耶穌」和「天主」，並不是個可以隨意掉換使用的同義詞，這道理是十分明顯的。

（六）聖母是人，乃受造物。受造物而能當上造物者天主之母，在道理上至令人費解。

（七）有意見認爲，不稱瑪利亞「天主之母」，便是否定耶穌真天主，也就是否定《聖經》。平心而論，近五百年來基督新教發展的歷史證明，此種說法無乃言過其實。拒絕尊稱瑪利亞爲「天主之母」的新教，可有否定過耶穌是天主（上帝）之子麼？有否定過《聖經》麼？絲毫沒有！若論對耶穌和《聖經》的專注，新教教徒較之天主教教徒，恐有過之而無不及呢！由此亦足說明，無論冠予瑪利亞何種稱號，都不足以增强又或削弱耶穌基督是真人亦是真天主的真實本質。

「天主之母」已是個歷史詞語。它的歷史任務似亦完結。今日民智大開，而基督徒對耶穌乃真天主，意見相當一致。若仍堅持此稱號而無介定，則天主教核心的無始無終而自有的「聖三」教義，反會因之而淆混。這是思想和語言邏輯上的必然結果。

今日，對於聖母的歌頌和讚美，在語言上必須恰如其份。冷待聖母固然不該，但過份誇張的推譽，對於引導人們正確理解聖道皈向天主，相信不會是一座橋樑，有時反會是一重障礙。十六世紀教會分裂的歷史，是很值得我們重溫的。

論實，耶穌乃聖子之「道成肉身」，其真人真神之本質，乃聖三救世之奧蹟。既是奧蹟，不可思議，又何須刻意用高舉聖母的地位來驗證？然則採個「天主之母」的尊號，聶斯託利派提出的問題便是完全解決了？

「天主之母」這等塵俗虛名，聖母天上若然聽之，恐怕亦祇能苦笑。較可取的說法或該是：由於聖母瑪利亞是聖子降世成人的生母（the mother of God incarnate, Mother of God-man），而不是道（天主）之母，故此，她可稱爲人世間的「耶穌之母」、「基督之母」、「救世主之母」，又或尹雅白神父所說的「天主降世之母」，而不會是「聖子之母」、「聖父之母」、「聖神之母」，甚或「天主之母」。

《紅樓夢》載仙界「石頭」下凡而爲賈寶玉，賈母祇能是賈寶玉之母，決不會是仙界的「石頭之母」。而仙界那株「絳珠仙草」降世而爲林黛玉，林母也祇能是林黛玉之母，決不會是仙界「絳珠仙草之母」。在中國人來說，夫之謂——合乎道理。

第廿四節　「聖神淨配」復失真

「聖神淨配」，相信是由不甚理想的「天主之母」一詞推斷而來的妙論。

既然有「母」，能不有「父」？難怪把瑪利亞說成是「聖神淨配」的人，總會辯稱聖神「庇蔭」瑪利亞之時（路1：35b），自然產生某種「神婚」（mystical marriage）的關係。如此「聖神」也就是瑪利亞的「淨配」（Spouse of Holy Spirit）了。（參《耶穌的母親瑪利亞》，前引，頁47。）

殊不知這種講法，不但胡亂為聖子降世聖三救世工程的奧蹟添加庸俗而可笑的蛇足，且亦自陷於古代人神交配的神話式思維，很容易會偏離天主教義，乖曲奧蹟的真義。其危險在於囿循世俗之見，必須夫妻相配而後能產子。瑪利亞是妻，自不然還須有一個夫。

可《聖經》說的是，童貞女瑪利亞無夫產子，是一個非人力所能想象的真實「奧蹟」！瑪利亞自聖神「降孕」而生耶穌，與聖神從無夫妻之名，亦絕無夫妻之實。這個奧蹟，明末清初頭腦古舊的中國人也許不易接受，且經常責之為失德敗行。執於人倫昧於教理而失言，猶情有可原；作為教友甚或牧者而鼓吹「聖神淨配」聖神為夫聖母為妻之說，把奧蹟（Mystery）混作神話（Myth），則甚令人驚詫難解。無夫妻之配不能產子，這在俗世之中當然沒錯，可惜不適合拿來討論耶穌降世的奧蹟。

依據《聖經》，瑪利亞的「淨配」祇有一個，叫做「約瑟」。他是童貞瑪利亞俗世掛名的丈夫，亦非耶穌的生父。

依據教義，則「天主是純神，因此在祂內並無性別」（《教理》370條）。聖神非男非女，卻又無所不能，何待「神婚」始能產子？在聖子降世的救贖工程中，瑪利亞不外乎是個參與工程的工具。一個受造之工具今竟給人高舉為神之「淨配」，聖母聞之，不尷尬死才怪哩！

「聖神淨配」之說，並不是個科學不科學、信德不信德的問題，而是個在《聖經》和教理上並無實質根據的神學上的個人推臆。

人之與神，本質完全不同，何能並等成婚作配？若以「淨配」爲名，視聖母和聖神爲「秤不離鉈」的夫妻組合，形影不離，這是相當危險的。其麻煩之處，是人們先則奉尊聖母爲「天主之母」，故而主觀地有了「耶穌一定聽聖母的話」的想法；再則相信聖母是「聖神淨配」，受了「聖母出現便是聖神臨在」之見所影響，自不然容易認爲聖母可與聖三並列，與天主同尊。結果大家怎不爭相跑去「供奉」聖母，把尊聖母像當神拜，天天「向她祈禱」呢？有些天主信徒，口說聖母是人，心思和行爲上卻拜她如神。這種奇怪現象，反映的若非偶像崇拜，亦屬口不對心。

唉，聖母雖是人中至聖，大可請她代禱、轉禱於神。但，她畢竟僅是個受造之物，是個絕對服從天主極有信德的人，又豈會試圖影響、甚或有能力支配天主呢？請大家放過她吧！

第卄五節　「聖母中保」？

尊稱瑪利亞爲「女中保」（Mediatrix）及「共救贖者」（Co-Redeemer），是今日天主教教理裏面很值得人們思考的另一例子。

宗徒保祿說：「在天主與人之間的中保也只有一個，就是降生成人的基督耶穌，他奉獻了自己，爲眾人作贖價。」（弟前2：5b）

天主教徒相信，耶穌是「唯一中保」（Mediator）。這是因爲耶穌是唯一的「道成肉身」，是唯一的給釘在十字架上成爲「天主羔羊」，替世人贖罪作最後祭獻的獨一的「救贖者」（Redeemer）。而亦祇有靠賴亦神亦人的耶穌的聖死和聖血的洗赦，人們才可以在天主預許的救恩中獲得救贖。除此之外，絕無他途。故耶穌說：「我是道路、真理、生命，除非經過我，誰也不能到父那裏去。」（若14：6）

即是之故，耶穌是人與神之間溝通和好的唯一中介者。他的中保角色，絕無他者可以代替。這，是天主教信仰的其中一個重要核心。

讓人覺得奇怪的是，爲了推崇聖母，十九世紀末教宗良十三世（Leo XIII，1878-1903），竟然認爲「就如沒有人能不經由聖子到達天父那裏，同樣也沒有人能不經由他的母親到達基督那裏」，而「瑪利亞便是這位光榮的居間者（intermediary）」（參《耶穌的母親瑪利亞》，前引，頁248-9）。

然則凡信徒之晉見教宗，亦須先經由教宗的母親麼？

有了這種徹徹底底把禮敬瑪利亞當成是人們追隨主耶穌的先決條件的宗座論斷，難怪在今天的《天主教教理》裏面，不難讀到「呼求榮福童貞爲中保」（第969條），尋且爲之立說，認爲呼聖母爲中保，「絲毫不遮掩或削減基督爲唯一中保的意義，反而突顯其力量」，而聖母「依憑基督的中保身份，完全屬於這種身份，並從而吸取其全部力量」（第970條），云云。

若斯論成理，何不亦稱聖母爲「女默西亞」、「女救世主」？

聖母中保？聖母可亦神亦人嗎？聖母的血，可以洗赦原罪嗎？聖母可有被釘十字架之上，爲人類作贖價嗎？她可以和耶穌基督相比嗎？

既曰「唯一」，何來有二？「依憑」、「屬於」或「分享」基督中保身份，便可稱作中保，然則吾等靈魂既屬於並分享天主的天主性，吾等亦可自稱天主了？吾等依憑和分享了聖子降世的基督職份（君王、司祭、先知），吾等亦可自稱基督了？

耶穌基督從沒說過，若不經由他母親瑪利亞，沒有人能到達他那裏去。跟隨主耶穌便是跟隨主耶穌，不必先去追隨瑪利亞。

近年，聖教會努力把「聖母中保」淡化爲「人與教會之間的中保」。經由聖母固大有助於增強人與教會的關係。然而，不經聖母，我們還是可以參加基督教會的。對嗎？

《天主教教理》（《Catechism of the Catholic Church》）成

書於一九九二年。其中文譯本，於一九九六年始面世。距今不過十多年而已。它所彙集的，部份是神學上的各個觀點，目的祇是帶領人們追尋天主真理。故此，它裏面所記載的，當然也不會全都是百份百絕無謬誤的真理。且容國鍵抱此態度，於下文討論一下《教理》「向聖母祈禱」這問題。

第廿六節　向聖母祈禱？

天主教教理認爲，教友可向聖母和聖人們「祈禱」（pray to Mary/saints）。因爲諸聖相通，他們可以爲我們代禱（intercession）。雖則聖人如何能替人們向神轉求，在神學上還是個難解之題（Ian Knox, 《Theology for Teachers》，Ottawa：Novalis, St. Paul University, 1999, 3rd ed., 頁194-5）。

然而，若基於代禱功能又或人們畏懼天主的原因，教會遂鼓勵人們「向聖母祈禱」（《教理》2679條），則不免又繼「天主之母」、「聖神淨配」、「聖母中保」之後，多了一個容易令人誤解的陷阱。一不留神，同樣會產生聖母是神的錯覺。結果亦祇會替純潔無瑕的聖母，增添更多的麻煩。

向聖母和諸聖祈禱，天主教教會坦白承認，這是天主教的一貫傳統（《Theology for Teachers》，見前引，頁194）。至如部份教友解釋「祈禱」不過是「談話」、「請求」之意，不一定局限於神，可真善心得可以。可惜在今日華語又或現代英語的日常運用中，特別在宗教而言，「祈禱」（pray to）一詞，指的必然是人與神的溝通，不會是人與人之間的交流。向聖母祈禱，不是有了點把聖母看作是神靈了麼？難道我們可以向孔子祈禱、向祖先祈禱、向神父祈禱的麼？

向聖母祈禱，是詞語上的錯用。較正確的說法，不是「祈禱」，而是「稟求」、「懇求」（pray Mary to），求她「轉禱」、「代禱」。這才如實反映諸聖相通的實在意義。

故此，國鍵在聖母跟前，祇會恭恭敬敬，誠心稟求，求她助我事奉天主、洗滌靈魂。卻沒法子依從《教理》，在沒抱聖嬰的聖母像前下跪，「向她祈禱」。惟請留意，國鍵祇是嚴分人神之別，絲毫沒有貶低聖母之意。

其實，大部份的天主教徒，也十分明白聖母是人不是神的道理。因是之故，天主教裏面，頭腦清醒的善牧，總會苦口婆心，勸人在敬禮聖母之時，切要恰如其份。「向她祈禱」也者，「我們只是祈求（國鍵按：「祈求」宜作「懇求」）聖母爲我們在天主面前轉禱」，「我們要記著，我們信仰的中心是天主」，敬禮聖母，目的是「偕同聖母，邁向基督」（並見《對聖母的敬禮》，香港筲箕灣聖十字架天主堂網站，「信仰分享站」）。

「偕同聖母，邁向基督」一語，擲地有聲。這較諸「經由聖母，到達耶穌」，在義理上清晰明確得多了。

國鍵相信，偕同聖母，偕同聖人，以他們作榜樣，同走天國的道路，這才是我們崇敬聖母和聖人的本旨。

基督徒的責任，是傳揚天主，傳揚天國福音。教徒若太重視「經由聖母」，把心思都花在聖母身上，甚或爲求達到目的，不惜大玩文字遊戲，層層推臆，把《聖經》裏面耶穌所闡述的簡單圓滿的天國福音，弄到艱澀難明，反而會令人猶豫而却步。

夫之謂好心卻壞事。

第廿七節　「默主哥耶」的反思

「默主哥耶（Medjugorje）聖母顯現」，是近年天主教華人教區的一個熱話。其熱烈之處，每年總有不少華人「默主哥耶聖母朝聖團」，競赴歐洲當地，好見證一下聖母的「靈驗」和「奇蹟」。

「默主哥耶聖母顯現」一說，聖教會早已表明立場，未予承認。且又明示教友，不能以教會名義參與其事，在此無謂糾纏。惟在華人教區因之而出現的各種奇言怪事，尚足錄其一二，以觀其是否完全出自天主：

（一）在加拿大多倫多市的天主教中華殉道聖人堂，數年前曾有位神父，自默主哥耶聖母「朝聖」回來後，即宣稱自己已吸取了「神力」，頻頻舉行「治癒彌撒」，替人「治病」。有教友在二零零七年九月卅日該聖堂堂區通訊附頁《堂區事件簿》撰文，盛讚「藉着神父的雙手治療了身體之痛及心靈的憂傷」哩！唉，施行奇蹟治病，原來就是這般平常容易的一回事。在祭壇上的主耶穌見之，恐亦自嘆不如了！

（二）在二零零七年八月十七日，由這位神父帶領的「默主哥耶分享」聚會，記錄了一段見證錄音：「有神父才可以有彌撒、有聖體，才會有教會。沒有神父，根本上就沒有彌撒，就不能建立聖體聖事，就沒有教會。」「（教友）不可批評神父，要尊重愛護神父，神父是臣子，聖母會親自去教導他們。」（錄自多倫多天主教中華殉道聖人堂舊網站默主哥耶欄分享錄音，2007年8月17日，錄音第12分40秒及錄音第15分08秒開始兩段。）這種把神父高舉在教會之上，與及不可批評神父的論調，相當嚇人。

（三）有位追隨此神父的教友，亦在該聖堂二零零八年五月十八日的《堂區通訊》中，撰文力稱瑪利亞是天主的「淨配」，理由是「瑪利亞既是耶穌的母親，又是祂的女人」，「這正是天主聖三的奧祕」。唉，把瑪利亞納入「聖三奧秘」，可真聞所未聞，十分駭人！

公元十六世紀部份天主教徒對瑪利亞的瘋狂熱愛（devotion），竟有墮落腐朽至於認爲「瑪利亞可以令天主改變主意」，又或戴個聖母章便自賦有一種「不可思議的力量」（magical powers）的反智地步（參《Theology for Teachers》，前引，頁193）。默主哥耶，或將是這股歪風的現代版本。

故此，若有人高舉默主哥耶聖母的旗幟，勸你把心交給瑪利亞，而不是直接交給主耶穌（天主），你得打醒十二分精神，倍加謹慎。

爲此，國鍵亦曾於去年中，致函主內弟兄Francis先生，表達了國鍵對默主哥耶的憂慮。拙函寫道：「國鍵對於默主哥耶，向來甚不贊同。原因是：（一）默主哥耶之事，未經聖教會認可；（二）國鍵並不相信聖母竟會時時頒下『指示』，這等所謂『指示』究出何人手筆，國鍵沒興趣知道，也絕不會代其宣傳；（三）從歷史研究的角度言，默主哥耶今藉聖母之名，發展成爲教廷以外向世界各地教堂發放所謂『訊息』的另一個信仰上的發布中心，對聖教會他日的發展，必然是一場大災難。」

天主教的核心是天主，絕不是聖母瑪利亞。而聖母是耶穌基督（天主）的絕然服從者，且爲聖教會的母親，她又豈會鼓動人們削弱聖教會在信仰上沿承宗徒而來的無上領導權呢？

第十八節　迷信與偶像崇拜

國鍵今信奉天主教，敬拜天主（上帝）爲宇宙獨一自有永在的造物者（Creator）。國鍵相信，除天主之外，一切有形無形，皆屬受造之物（Created）。故此，凡相信受造物擁有天主大能者，即屬迷信，亦必步入偶像崇拜的邪途。原因是，世間祇有那無始無終的「絕非按人的肖象而存在」（《教理》370 條）的天主，才是沒有個象的。除天主之外，一切有形無形的受造之物，都必有個可見或可感之象。人若相信此等有象之物具有神力而敬拜之，不就是崇拜偶像麼？

所以，世間除了崇拜天主之外，其他一切的崇拜，不問而知其必屬偶像崇拜無疑，——這包括迷信十字架或聖母像具有法力，可藉以驅鬼治病。能驅鬼治病的，祇會是天主，絕不會是十字架或聖像等物。

相信金錢權勢萬能，這是迷信金權；相信科學萬能，是迷信科學；相信君主萬能，是迷信君主；相信聖人萬能，是迷信聖人；相信教會萬能、絕不犯錯，是迷信教會……。這一切一切，都是偶像崇拜。

道理簡單：人與物一旦沒有了天主，那就什麼都不是，還能談什麼萬能呢？

第卄九節　「絕無謬誤」莫輕言

聖教會擁有「絕無謬誤」（infallibility）之權，乃因教會分享基督的「不能舛錯性」（《教理》889條），自聖神力量恩賜而得。惟須注意者，此權僅局限於信仰和道德的範疇，而行使之時，也有着相當多的條件和限制。而其諮詢過程，亦十分廣泛漫長。殊非教宗一時心血來潮，又或一朝一夕即可輕率頒佈（參《Theology for Teachers》，前引，頁181-2）。故此，聖教會所曾宣示不見於《聖經》卻屬絕無謬誤之信條，例如「聖母無玷原罪」等，爲數其實甚少。至若一般神父、主教，甚或是教宗等個人的言論或神學觀點，全都不在絕無謬誤之列。

「絕無謬誤」，是今日天主教徒最常錯解的教理（仝上，頁181）。教徒大多覺得，凡由教廷頒佈的，教宗或神父所說的，《天主教教理》一書所載的，全都必會是絕無謬誤，也必須信守奉行。正因爲有了這種誤會，才見有教友僅憑教宗良十三世的一句讚譽瑪利亞的說話（見本書「聖母中保」一節），便把「聖母中保」當作是絕無謬誤的教理信條來宣揚。

世間能够絕無謬誤的，是天主，絕不是人。我們要絕對服從的，也是天主，絕不是人。遺憾的是，今天人們討論「絕無謬誤」和「聽從領袖」、「信服權威」的時候，往往把目光過份集中於人，忘掉了天主才是唯一的絕對權威和無謬者。

第卅節　「箭喻」與「第一因」

大概是二零零六年的深夏，國鍵參加了由香港專程來多倫多大學弘法的潘宗光教授主講的佛學講座。席間有朋友問及宇宙創造的「第一因」。潘教授答之以佛陀的「箭喻」。意思大概是說，人若給毒箭射傷，須先治療箭傷，不應先費氣力查探毒箭誰發，又或箭以何物製造。國鍵當時頗覺教授在迴避問題。

回家細想，始覺教授之言，相當得體。蓋佛家以因果爲信條，事物出現（包括神在內），必有其因。故此，佛家若承認宇宙有神為第一因，則佛家的因果說便不够圓滿，此其一；佛陀志在度人解脫人生諸苦，治療箭傷之苦，比諸研究箭從何處射來，當更迫切。是以凡無關拔除苦惱之事，大可置而不論，此其二；而世間有神無神這等形而上的問題，若拿來討論，也祇會是沒完沒了的爭辯，徒浪費歲月，此其三。

惟須注意的是，佛陀之置而不論，不代表他已證明了第一因絕不存在。所以，這問題在基督教和佛教之間，實際還是懸而難決。是耶非耶，也祇好各自論述了。

天主教相信，天主「是萬有的第一因，祂深入地臨在於所有的受造物中：『我們生活、行動、存在，都在祂內』（宗 17：28）」（《教理》300 條），「祂是在第二因內及藉第二因而工作的第一因」（《教理》308 條）。

國鍵相信，宇宙間確有位造物主。因為，宇宙間無論何種恆真的定律（包括因果律），也該有個源頭，總不能沒有位創造它們的創造者。人若承認宇宙有位創造者，則世間該先有鷄還是先有鷄蛋的問題，自然容易解答得多。譬如說，在天主的創造中，既可以蛋先，又可以鷄先，亦可以鷄和鷄蛋同時出現，未必一定要分個先後。

其實，若問佛家因果律和緣起法究從何來（緣起法者，乃宇宙萬物皆因緣和合而成，此乃無可改變的規律），佛家的答案也祇能是「法爾如此」，亦即此乃「天然的，自然的，不待造作」，不必亦無須再向上推究的了。同理，若神乃萬物的第一因，「神爾如此」，又何必苦苦再往上追溯，硬要看看是誰創造神呢？

天主乃自有者，無始亦無終。欲考其始原，在第一因上再求其因，終不可得。因為，若然可得，那天主就不會是真天主啦！

第卅一節　結語：一個半桶水天主教徒的期待

今值二零零九年，國鍵剛滿六十歲。在此六十年的人生歲月，樂少苦多。惟最感恩的，是天主賜我生命之餘，更賜我妻賢子孝、家庭美滿。「誰覓得了賢妻，便覓得了幸福，得了上主的恩眷」（箴18：22）。雖非大富大貴，亦算衣食不愁。年來致力探索宗教，非因曾受重大打擊，尋求心靈慰藉。而係不如此則無以交代良心，答謝天恩。

國鍵六年教徒生活，平淡似水。濟物愛人，無懼老死，仍覺說時容易做時難。若論宗教熱誠，自己算不算真個基督徒，間且不無疑問。於《聖經》，倒還讀得明白。於《天主教教理》，則偶有愈讀而愈令人糊塗的感覺。於天主教的神學，則更是一竅不通。故此，國鍵亦僅能從一個平凡的中國傳統知識份子的角度來分析問題。本書所論，參考則可，萬莫視之爲確見也。

今天，國鍵奉宗《聖經》，却不全盤接受《天主教教理》。國鍵相信《聖經》所載，宇宙間確有位創物者天主（上帝）。祂的本質是仁慈、公義和大愛。除了向祂祈禱之外，對其他一切受造物的祈禱，都是偶像崇拜。從這一點來說，國鍵完全贊同馬丁路德讚美（praise）聖母但拒絕向她祈禱的觀點。因爲，在中國黃土地上，迷信的人們早已有了位「觀世音菩薩」、「天后娘娘」、「王母娘娘」來祈福。多拜一位受造物「天主聖母」，就顯得是可有可無了。

儒「至善」、佛「大涅槃」和基督教「天國」之道，容有不同，然彼此相通之處實亦不少，且都並稱「圓滿」，同出天主。國鍵相信，除非教內迷信之風作浪，因而受到崇尚理性反對迷信的中國知識份子所唾棄，否則天主聖言沒理由不能與中國傳統文化相融合，也沒理由不能在中國成爲血肉。理由很簡單：現代中國文化不能光靠「奇蹟」來更新，却亟需要有圓融合理的新思想作營養以新陳代謝。

先賢教人：存天地正氣，法古今完人。此所謂「正氣」，實乃「正義、公平、慈愛、憐憫」（歐2：21b）之天主大愛；而此所謂「完人」，實「道成肉身」、了無「原罪」之耶穌基督是也。

存上主正氣，法耶穌完人。願與天下有情共勉。

二零零九年元月眇人潘國鍵畢稿於加拿大多倫多市如心齋寓。

我們的天父願祢的名受顯揚願祢
的國來臨願祢的旨意奉行在人間
如同在天上求祢今天賞給我們日
用的食糧求祢寬恕我們的罪過如
同我們寬恕別人一樣不要讓我們
陷於誘惑但救我們免於凶惡亞孟

右錄天主經乃天主教主禱文基督降世二千十年夏月南海潘國鍵沐手敬書

www.ingramcontent.com/pod-product-compliance
Lightning Source LLC
Chambersburg PA
CBHW030533080526
44586CB00011B/429
9781989485019